AF176570

11 Sätze von

Meister Eckhart

kommentiert von Andreas Müller

Impressum

Bibliografische Information der Deutschen Nationalbibliothek: Die Deutsche Nationalbibliothek verzeichnet diese Publikation in der Deutschen Nationalbibliografie; detaillierte bibliografische Daten sind im Internet über www.dnb.de abrufbar.

Herstellung und Verlag:
BoD – Books on Demand, Norderstedt

ISBN: 9783753472607

Inhalt

Diese Rede

„Wer diese Rede nicht versteht, der bekümmere sein Herz nicht damit. Denn solange der Mensch dieser Wahrheit nicht gleicht, solange wird er diese Rede nicht verstehen. Denn es ist unverhüllte Wahrheit, die da gekommen ist aus dem Herzen Gottes unmittelbar."[1]

~

Diese Botschaft ist eine unpersönliche Botschaft. Sie gehört niemandem. Sie spricht niemanden an. Sie ist direkt. Sie meint, was sie sagt, und bleibt trotzdem leer. Sie enthält keine Methode. In ihr ist nichts, das zu erkennen wäre.

Ich weiß, dass es sich bei Meister Eckhart immer wieder so anhört, als gebe es etwas zu finden. Immer wieder hört es sich so an, als sei da jemand, der auf eine richtige Weise sein könnte. Ob und wie Eckhart das gemeint hat, bleibt Spekulation. Doch einige seiner Worte scheinen mit mir zu resonieren.

Gleichwohl - es gab keinen Meister Eckhart, genauso wenig wie es mich gibt oder irgendeine getrennte Instanz. Diese Worte haben keine Bedeutung. Es gibt keinen Grund, sich an ihnen abzuarbeiten oder sich mit ihnen aufzuhalten.

Sie gleichen einem Gesang, und wer ihn hört, mag Freude empfinden. Wer ihn nicht hört, halte sich nicht damit auf.

Weder gibt es etwas zu finden noch etwas zu verlieren. Das, was scheinbar passiert, ist natürlicherweise alles. Das ist die Freude – die Freude, die niemand besitzt und die zugleich alles ist. Das ist, wovon diese Worte berichten. Und doch fügen sie nichts hinzu.

Meister Eckhart

F: Du wolltest ein Buch über Meister Eckhart schreiben...

A: ...oder zumindest etwas zu ihm sagen.

F: Was ist daraus geworden?

A: Dieses kleine Büchlein. Der Anfang war schwierig. Ich habe reingelesen in die „Predigten und Traktate". Und dabei habe ich gemerkt: Da steht ja schon alles so, wie es dazustehen hat!
Die Stellen, die ich kommentieren wollte, waren und sind so frei heraus, dass es nicht mehr viel zu kommentieren gibt.
Und dann hat es sich doch ergeben. Es ist erstaunlich, was dieser Dominikanermönch damals alles gesagt hat, ohne dass er ernsthafte Probleme bekommen hat.

F: Ist ihm nicht der Prozess gemacht worden?

A: Am Ende seines Lebens, ja, oder sogar noch ein bisschen später. Tatsächlich ging es über lange Zeit gut. Und es ist erstaunlich, dass er lediglich für 28 Sätze verurteilt wurde. Posthum. Denn er ist vor der Verurteilung gestorben.

F: Was sagt er denn so frei heraus?

A: Zum Beispiel: dass da niemand ist. Und dass Gott

eher ein Nicht-Gott ist. Und dass Existenz eher Nicht-Existenz ist.

F: Dass die Kirche damit nicht völlig einverstanden sein konnte, ist vielleicht verständlich. Du aber stimmst zu?

A: Zumindest sind solche Sätze in meiner Lesart übertragbar. Zum Beispiel: Es gibt keine beobachtbare Realität. Wir leben im absoluten Blindflug, genau wie das gesamte scheinbare Universum.
Das rührt daher, dass der Beobachter selbst illusionär ist. Schon von einem Beobachter zu sprechen, der auf irgendeine Art und Weise existiert - real, irreal, illusionär -, kann den Eindruck erwecken, dass es so etwas gibt.
Aber das gibt es nicht. Da ist niemand. Es gibt keinen Beobachter. Es gibt kein getrenntes Gewahrsein.
Und weil das Gewahrsein nicht real ist, kann das, was bezeugt wird, auch nicht real bezeugt werden!
Das, was ist, ist absolut blind für sich selbst.

F: Du meinst, das hat Eckhart gemeint, wenn er sagte Existenz ist eher Nicht-Existenz?

A: Ja, die scheinbar so alltägliche Präsenz-Erfahrung hat keine Substanz.

F: Muss ich das verstehen? Oder darf ich Eckhart zustimmen: Wer das nicht versteht, der bekümmere sein Herz nicht damit?

A: Wirklich davon sprechen kann niemand. Damit scheinbar davon berichtet werden kann, muss sich diese scheinbare Illusion auflösen.

Ich kenne jemanden, der sein ganzes Leben lang spirituell gesucht hat. Er hat vieles kennengelernt, und die letzten Jahre hat er mit der Erfahrung des Gewahrseins verbracht. Es war ungefähr so, als sei *das* ihm geblieben nach seiner langen Suche.

Dann versuchte er, diese Gewahrseins-Erfahrung mit der nicht-dualen Botschaft zu vereinen. Er nahm an, dass auch ich die Gewahrseins-Erfahrung als „natürliche Realität" erkannt habe und dass ich versuche, sie mit meinen eigenen Worten zu transportieren.

Und dann, plötzlich und unerwartet, ist das Gewahrsein auch noch weggefallen. Zack, bumm, einfach so.

Es war weder eine große Sache noch war es eine große Veränderung. Doch erst damit endete die Suche. Weder war die Suche befriedigt worden noch hat es eine Erfahrung des Ankommens gegeben. Vielmehr hat sich die Gewahrseins- oder Präsenzerfahrung als nicht existent entpuppt.

Ich kann das weder erklären noch klingt es logisch. Wenn sie verpufft, verpufft sie eben. Dann kann auch nichts anderes mehr berichtet werden.

F: Auch Eckhart kann nichts davon erklären…

A: Eckhart kann es nicht erklären, und ich kann es nicht erklären, dass es gar nichts zu erklären gibt.

Dass die Präsenz-Erfahrung nicht real ist, kann man der Präsenz unmöglich erklären.

Umgekehrt bräuchte man, um einen realen Umstand zu erklären, eine reale Präsenz. Das dreht sich im Kreis.

Die Abwesenheit von ‚Ich bin' ist kein neuer Umstand, dessen man sich gewahr sein könnte.

Das ist die Crux: Da ist niemand, der weiß, der erlebt, der bestätigen oder verneinen könnte. Es gibt keine Erklärung für irgendetwas.

Und das ist die Freiheit. *Solange du dieser Wahrheit nicht gleichst, solange wirst du diese Rede nicht verstehen.*

F: Leck mich!

Nach nichts trachten

„Die nach nichts trachten, weder nach Ehren noch nach Nutzen noch nach innerer Hingabe noch nach Heiligkeit noch nach Belohnung noch nach dem Himmelreich, sondern auf dieses alles verzichtet haben, auch auf das, was das Ihrige ist -, in solchen Menschen wird Gott geehrt."[2]

~

F: Nach nichts trachten, auf alles verzichten… wer soll das denn tun?

A: Niemand. Es ist unmöglich. Aber Befreiung ist das Ende des Suchenden und zugleich das Ende der Suche, in Worten Eckharts des *Trachtens*. Befreiung ist nicht das Ergebnis eines Verzichts oder des *Trachtens*, sie ist kein Finden nach erfolgreicher Suche.

Befreiung ist der scheinbare Kollaps des Suchenden in der überraschenden Offensichtlichkeit, dass niemand existiert.

Der *Verzicht auf alles* ist das Ende der Suche an sich. Er ist nicht nur das Ende der Suche in den sogenannten materiellen Dingen, sondern auch der Suche nach spirituellen Zielen.

Hingabe, Erleuchtung, Befreiung, Aufgehen in Gott – hinter all diesen Zielen verbirgt sich die Egozentrik. In der Hoffnung, die eigene Existenz hinzugeben und bei der Gelegenheit mit Gott eins zu werden, steckt nichts als Selbstüberhöhung.

F: Und in welchen Menschen wird, wie Eckhart es sagt, „Gott geehrt"?

A: In niemandem. *In Gott geehrt werden* heißt, dass Vollkommenheit die natürliche Realität ist. Diese natürliche Realität wird weder entdeckt noch erreicht. Sie wird weder erfahren noch nicht erfahren. Sie ist das, was bleibt, wenn sich der oder die Erfahrende als nicht-existent entpuppt.

Gott erleiden

„Wenn immer nun die Seele mit dieser Kraft Bildhaftes schaut, ob sie eines Engels Bild oder ob sie ihr eigenes Bild schaut: es ist etwas Unvollkommenes an ihr. Schaut sie (selbst) Gott so, wie er Gott oder wie er Bild oder Dreiheit ist, so ist etwas Unvollkommenes an ihr. Wenn aber alle Bilder der Seele abgeschieden werden und sie nur das einige Eine schaut, dann findet das reine Sein der Seele, erleidend und ruhend in sich selbst, das reine, formenfreie Sein göttlicher Einheit, das da ein überseiendes Sein ist.
O Wunder über Wunder, welch edles Erleiden ist es, wenn das Sein der Seele nichts anderes erleiden kann als einzig die reine Einheit Gottes!"[3]

~

F: Wenn alle Bilder der Seele abgeschieden werden...

A: Ja, hier ist von dem die Rede, was ich Befreiung nenne: das Ende der Illusion, dass es so etwas gibt wie eine getrennte Person. *Das reine, formenfreie Sein göttlicher Einheit* – das heißt: diese Freiheit ist weder mental, emotional noch energetisch erfahrbar - *formenfrei*. Solche Befreiung ist näher als jede Erfahrung.

Was sie allerdings zur Folge haben kann, *wenn alle Bilder der Seele abgeschieden* sind, ist eine scheinbare mentale und emotionale Befreiung innerhalb der persönlichen Geschichte. So scheinen viele Gedanken und emotionale Muster, Neurosen und Traumata, in Bezug zu stehen zu dem Erleben, eine getrennte Person zu sein.

Als Geschichte könnte man sagen, dass es so etwas gibt wie eine Wechselwirkung zwischen dem Erleben, eine Person zu sein und den auftauchenden Gedanken und Emotionen.

Verpufft die Illusion der Trennung, in den Worten Eckharts: *wenn die Seele nur das einige Eine schaut,* dann setzt auch innerhalb der Geschichte so etwas ein wie ein Befreiungsprozess, der nach und nach alle mentalen und emotionalen Verbindlichkeiten auswäscht.

Allerdings ist dieser scheinbare Prozess nicht der springende Punkt.

Der - scheinbar! - springende Punkt ist tatsächlich, ob die Illusion eines (Selbst-)Erlebens das ist, was scheinbar passiert oder nicht. Alles andere sind einfach Symptome dieses Erlebens.

F: Was wären denn solche Symptome?

A: Ein scheinbares Symptom von Trennung wäre das Leben in Geschichten und im Suchen. Dabei handelt es sich um eine völlige Traumwelt; ein scheinbares energetisches Rotieren innerhalb dieser Annahme, eine Person zu sein, und ein Kreisen um die Schein-Probleme, die die Schein-Person zu haben glaubt.

Das Hauptproblem der Person ist die Suche nach

bleibender persönlicher Erfüllung. Allerdings handelt es sich dabei um ein Problem, das niemals gelöst werden kann, da es weder eine Person gibt noch einen Zustand persönlicher Erfüllung.

F: Und davon spricht Meister Eckhart?

A: Ja, für mich sieht es so aus, als ob Meister Eckhart diese scheinbare Befreiung beschreibt - und in vielen Texten herausarbeitet, was diese Befreiung ist, bzw. was sie nicht ist. Insofern betreibt er ein natürliches *Neti Neti*, was genau dieser, „meiner" Botschaft entspricht.

F: Gibt es Zeichen oder Symptome von Befreiung?

A: Letztlich beziehen sich alle Symptome auf den Zusammenbruch der künstlichen Strukturen des ‚Ich'-Erlebens. Der Zusammenbruch der mentalen und emotionalen Strukturen wären so ein Beispiel.

F: Zusammenbruch der mentalen und emotionalen Strukturen klingt unerfreulich.

A: Es ist der Zusammenbruch jeglicher Idee von Psychologie. Psychologie entpuppt sich als als naturwissenschaftliches Pendant zur Spiritualität: Beide gehen von einem inneren Kern oder einem wahren Zentrum aus. In der Spiritualität wären das entweder die Seele oder so etwas wie ein reines Gewahrsein, während es in der Psychologie die

Annahme eines realen dem Körper inhärenten 'Ich' gibt.

Die ganze psychomentale und psychoemotionale Struktur dreht sich um dieses Erleben, dass da ‚jemand‘ ist. Entpuppt sich dieser innere Kern als Illusion (bei Eckhart: *Wenn alle Bilder der Seele abgeschieden werden*), entpuppt sich nach und nach die ganze Struktur, die sich um diesen Kern zu drehen scheint, als Illusion. Sie weicht auf oder fällt ab - in Teilen oder komplett.

Vielleicht bleibt es aber auch einfach bei einem Aufweichen der Struktur. Ich jedenfalls habe den Eindruck, dass ich das sowohl bei mir selbst, als auch bei allen, die ich als „scheinbar befreit" bezeichnen würde, so wahrnehmen kann. Es bleibt, in Worten Eckharts *das reine, formenfreie Sein*.

F: Gelegentlich behauptest du, das seien alles nur Geschichten?

A: Oh, ja, es gibt weder mich noch Leute, die ich als befreit erkennen könnte. Es gibt weder eine psychologische Struktur noch ein Aufweichen davon. Nichts davon ist real oder von Bedeutung.

F: Ja, was denn nun?

A: Nichts macht etwas aus. Alles bleibt folgenlos. Das, was scheinbar passiert, ist alles.

F: Meister Eckart sagt, dass „selbst wenn die Seele Gott

schaut, etwas Unvollkommenes an ihr ist".

A: Er beschreibt, dass alles Schauen „illusionär" ist, dass jede Gewahrseins-Erfahrung verbunden ist mit einem Erleben von Unvollkommenheit. Sowohl die feinste Selbst-Erfahrung - *Seele, die ihr eigenes Bild schaut* - als auch eine Einheits- oder Gotteserfahrung - *die Seele, die Gott schaut* - sind persönliche Erfahrungen und deshalb begleitet von einem Gefühl des Mangels.

F: Kann es sein, dass er mit solchen Rätseln so lange ungeschoren durchgekommen ist, weil niemand sie verstanden hat? Was heißt, dass die Seele nur das „einige Eine schauen" kann, wenn alles Bildhafte abgeschieden ist?

A: Wenn da einfach nur Schauen ist, dann ist es das, was scheinbar geschieht. Da wird nicht wirklich ‚etwas' gesehen. Dann gibt es weder ein Bild vom Schauenden noch vom Geschauten. *Dann findet das reine Sein der Seele, erleidend und ruhend in sich selbst, das reine, formenfreie Sein göttlicher Einheit, das da ein überseiendes Sein ist.* Dann ist alles nicht-etwas.
Ich würde natürlich nicht sagen, dass wirklich etwas real gefunden wird! Im Wegschmelzen alles Bildhaften – im Wegschmelzen jedes Selbst-Erlebens – entpuppt sich das, was ist, als vollkommen. Es entpuppt sich als ‚alles', formlos und ungetrennt. Natürlich entpuppt es sich als all das, während es genau das bleibt, was es schon ist. Der Körper, Gedanken, Gefühle, die Welt, Bäume sind formlos und ungetrennt. Allerdings für niemanden!

F: Oder doch für jemanden? Eckart sagt doch, dass die Seele, die einzig wahre Einheit Gottes ‚erleidet‘?

A: Wenn die Illusion von Selbst-Gewahrsein verpufft, bleibt einzig und allein die natürliche Realität. Sie wird weder gefunden noch realisiert. Sie ist einfach das, was scheinbar passiert.

„Man" ist quasi chancenlos, denn es bleibt nichts anderes übrig als das bloße und nackte „nicht-etwas-sein". Nicht-etwas erleidet sich selbst sozusagen. Es kann weder sich finden noch sich entkommen noch kann es jemals zu etwas anderem werden.

Aber: Es gibt keine Sache, die nicht-etwas ist. Es ist einfach das, was scheinbar passiert. Dass wir hier sitzen und miteinander reden, ist die natürliche, unbekannte, formlose Realität, die nicht findbar ist, weil sie schon ist; die nicht realisierbar ist, weil es nichts gibt, das die Fähigkeit einer zusätzlichen Realisation hat. Deshalb könnte Meister Eckart von „erleiden" sprechen.

F: Na gut, mit dieser Form von Leiden bin ich einverstanden.

A: Oh ja!

Sich selbst lassen

„Der Mensch lasse zuerst sich selbst,
dann hat er alles gelassen."[4]

~

F: Kann man sich selbst lassen?

A: Spirituelle Sucher bemühen sich zumindest darum.
Aber es gibt niemanden, der das tun könnte.

F: Was also meint Eckhart damit?

A: Er könnte sich gerade darauf beziehen, dass alles
Suchen und alle Suche nutzlos sind, so lange es
‚jemanden' gibt, der sucht.
Ausnahmsweise gilt dann im Umkehrschluss, dass für
den, der *sich selbst gelassen* hat - oder wie ich es sagen
würde: wenn sich herausgestellt hat, dass da niemand
ist – , jede Suche endet.
Alle Fragen erübrigen sich im Wegschmelzen der
Illusion, dass es eine reale Person gibt.
Meister Eckhart trifft den Nagel auf den Kopf: Jede
Suche, jede Frage nach dem Sinn des Lebens, jede
Frage nach Vollkommenheit, erwächst aus dem
Erleben, eine getrennte Instanz zu sein.
In der Geschichte könnte man sagen, dass man sich

erst einmal darum kümmern sollte, ob die Person, die Erfüllung sucht, überhaupt existiert.

Das Dilemma ist ja, dass überhaupt niemand da ist. Bevor die Suche beginnt, ist nichts da, das auf die Suche gehen müsste oder könnte. Das Dilemma ist also, dass kein Dilemma existiert.

F: Lassen wir das.

Gott gewahren

„Soll die Seele Gottes gewahr werden, so muss sie auch ihr Selbst vergessen und sich selber verlieren. Denn solange sie sich selbst sieht und weiß, solange gewahrt sie Gott nicht."[5]

~

A: Solange es ein Selbst-Erleben gibt – ein *sich selber sehen* und ein *um seiner selbst wissen* - findet scheinbare Trennung statt.

F: Und dann gibt es auch kein Gewahrwerden Gottes?

A: Es gibt keine Seele, die sich Gottes gewahr werden könnte. Deshalb muss die Seele sich selbst verlieren. Es ist das Zurückfallen des Gewahrseins ins Unbekannte; das Versinken des Trennungs-Erlebens in die Abwesenheit.

F: Was also heißt „soll die Seele Gottes gewahr werden"?

A: Eckhart wird die Befreiung meinen - die scheinbare Offensichtlichkeit, dass Harmonie die natürliche Realität ist. Aber: Keine Person ist sich dessen real gewahr. Es gibt keine Erfahrung dieser Harmonie.

F: Keiner, niemand, scheinbar, nicht-etwas...

A: Wenn du mit mir sprichst, gibt es eine unmittelbare Antwort. Es gibt diesen Bericht, der auf der einen Seite das ist, was scheinbar passiert. Auf der anderen Seite kommt er nicht aus einem getrennten oder realen Gewahrsein.

Eine Umschreibung ist dieses *soll die Seele Gottes gewahr werden* sein. Das, was ist, gibt sich als das, was ist, zu erkennen. Scheinbar eben, denn es wird weder etwas erkannt noch gibt es ein reales Gewahrsein davon.

In diesem Sinne ist Gewahrsein blind für das, was scheinbar passiert. Auch diese Offensichtlichkeit ist scheinbar, denn es wird nichts wirklich offensichtlich. Und doch: Das, worüber wir reden, ist unverhüllt, denn es ist das, was scheinbar passiert.

F: Sollten wir Meister Eckhart kurz anrufen und fragen, was er dazu sagt?

A: Wir können es versuchen. Aber ich nehme an, da ist niemand.

Wie soll ich Gott lieben?

„Wie denn soll ich Gott lieben?"
Du sollst Gott ungeistig lieben, das heißt, dass deine Seele ungeistig sei und entblößt aller Geistigkeit; denn, solange deine Seele geistförmig ist, solange hat sie Bilder. Solange sie aber Bilder hat, hat sie Vermittelndes; solange sie Vermittelndes hat, hat sie nicht Einheit noch Einfachheit. Solange sie nicht Einfachheit hat, solange hat sie Gott (noch) nie recht geliebt; denn recht zu lieben hängt an der Einhelligkeit. Daher soll deine Seele allen Geistes bar sein, soll geistlos dastehen. Denn, liebst du Gott, wie er Gott, wie er Geist, wie er Person und wie er Bild ist, das alles muss weg.
"Wie denn aber soll ich ihn lieben?"
Du sollst ihn lieben, wie er ist ein Nicht-Gott, ein Nicht-Geist, eine Nicht-Person, ein Nicht-Bild, mehr noch: wie er ein lauteres, reines, klares, Eines ist, abgesondert von aller Zweiheit. Und in diesem Einen sollen wir ewig versinken vom Etwas zum Nichts. Dazu helfe uns Gott. Amen.[6]

~

F: Im Einen versinken, Eins werden, ja, das ist es, genau darum geht's!

A: Du kannst nicht eins werden, denn es ist bereits niemand da. Die Selbst-Erfahrung - die Erfahrung,

„Geist" zu sein - ist illusionär. Sie hat keine Substanz, was soviel heißt wie „da ist niemand".

Die scheinbare Person ist dieses Selbst-Erleben. Sie erlebt sich als ‚Etwas'. Sich als ‚etwas' zu erleben ist die scheinbar erlebte Trennung von Gott.

Dann scheint es etwas zu geben, das getrennt ist von dem, was scheinbar geschieht. Dann gibt es ‚Ich' und ‚etwas anderes'. Dann wird die Welt von einem getrennten Standpunkt aus gesehen. Man lebt „in Bildern", im Sehen von Dingen.

F: Ja, genau, und deshalb klingt ja diese Formulierung von Eckhart – „in diesem Einen sollen wir ewig versinken" – so verheißungsvoll!

A: Ja, aus dem Erleben von Trennung erwächst die Annahme, dass es einen Weg zurück gibt zur Ganzheit. Es erwächst die Annahme, dass es Schritte und Stufen gibt, Methoden und Techniken.

Solange dieses Selbst-Erleben zu existieren scheint, betet man „Dinge" an - Ideen und Vorstellungen, einen bestimmte Lebensweise, einen Priester, einen Guru, das Geld oder Buddha oder Jesus am Kreuz.

Die scheinbare Person hofft, dass diese Dinge Vermittler sind auf dem Weg zur persönlichen Erfüllung.

Das ist die Illusion. Sie fußt auf dem Erleben, dass man ‚etwas' ist - ein Selbst, dass sich selbst erfährt und seiner Anwesenheit gewahr ist. Ein Selbst, dass den Weg zurück finden muss zur Vollkommenheit.

Was hier berichtet wird ist, dass niemand da ist.

Nicht nur die Ideen und Vorstellungen, in denen die Person lebt, sind illusionär. Das ganze Erleben hat keine Substanz. *Daher soll deine Seele geistlos dastehen.*

F: Also wenn ich ohne Ideen und Vorstellungen da stehe, kann ich eins werden.

A: Du kannst nicht eins werden. Liebe ist die natürliche Realität, die weder erreicht werden kann noch getan werden muss. Verpufft die Illusion, dass da ‚etwas' ist, verpufft die Annahme, dass man getrennt ist von Liebe.

Es gibt keinen Gott, keinen Geist, keine Person, kein Bild, das man lieben könnte. Liebe ist die natürliche Realität für niemanden.

Das ist die Befreiung, die bereits ist.

Die Herrlichkeit ist überall

„In jedem Werk, auch im Bösen, im Übel der Strafe ebenso sehr wie im Übel der Schuld, offenbart sich und erstrahlt gleichermaßen Gottes Herrlichkeit."[7]

~

F: Auch im Bösen strahlt Gott...

A: Es gibt weder ein „Richtig" noch ein „Falsch", es gibt weder etwas, dass innerhalb von Einheit wäre noch gibt es etwas, dass außerhalb von Einheit wäre. Es gibt überhaupt keine Einheit als solche. Das, was scheinbar passiert, ist natürlicherweise ganz und stimmig; jenseits von gut oder schlecht, von richtig oder falsch. Gewusst oder erfahren werden kann das nicht. Es ist keine Theorie, die man sich zu eigen machen könnte - und doch ist es eine absolute Überraschung, dass das, was scheinbar passiert, in seinem scheinbaren „So-sein" vollkommen ist.

F: Warum ist jetzt das „So-sein" auch „scheinbar"?

A: Weil es kein bekanntes oder bewusstes „So-sein" gibt. Wie es ist, ist unbekannt, da es unerlebt ist. Wie das, was scheinbar passiert, wirklich ist, weiß niemand. Daher gibt es kein reales „So-sein". Was

Leben, Atmen, Fühlen, Umhergehen wirklich ist, bleibt unbekannt. Es ist einfach das, was es ist. Umstandslos.

F: Hauptsache, im Übel erstrahlt Gottes Herrlichkeit...

A: Es gibt keinen Grund und keine Erklärung dafür. Stimmigkeit ist die natürliche Realität, die grundlos und unerschaffen ist. Die natürliche Realität ist unbedingt. Sie kennt keine Ursache. Das, was scheinbar geschieht, ist ungemacht und unbedingt es selbst. Dass es stimmig ist, ist nicht die Folge von etwas. Es ist nicht stimmig, weil es sinnvoll, gut oder heilig ist. Es ist auch nicht stimmig, weil es zu einem Ziel führt. Stimmigkeit ist völlig überraschend und gleichzeitig absolut gewöhnlich.

F: Egal, was kommt, man muss es positiv sehen.

A: Nein, das, worüber wir reden, ist kein Konzept. Es ist nicht der Versuch, etwas schön zu reden oder mit einer heiligen Idee zu übertünchen. Das, was scheinbar passiert, benötigt das gar nicht. Das, was scheinbar passiert, braucht keine Transformation vom Falschen ins Richtige. Es braucht keine Antwort, um es selbst zu sein. Nichts kann und nichts muss gut gemacht werden. Schmerz braucht keine Antwort. Leid muss nicht gut gemacht werden. „Gutheit" ist die natürliche Realität.

F: Einverstanden, wenn man das auch ganz anders empfinden kann?

A: Ja, sobald die Suche nach einer Antwort auftaucht. Aber der Schmerz braucht keine Antwort. Er kennt weder sich selbst noch hat er irgendwelche Ideen über sich. Er ist einfach er selbst. Genau wie jede Blume, jeder Stein, jedes Tier, jeder Gedanke und jedes Gefühl es selbst ist. Auch das scheinbare Trennungserleben ist es selbst, auch wenn innerhalb dieses Erlebens die Suche nach einer Antwort und einem Ankommen stattfindet. Jedoch: Niemand kommt an, denn es ist niemand unterwegs. Niemand muss ankommen, denn das, was scheinbar passiert, ist auf blinde Weise vollkommen.

F: Auch das noch! Auf „blinde" Weise!

A: Weil niemand da ist, der es als vollkommen erfährt. Niemand, der es als vollkommen erkennen muss. Niemand, der sieht.

F: Wem sagst du das...

Bedürfnisse

„Ich habe neulich darüber nachgedacht, ob ich wohl von Gott etwas annehmen oder begehren wollte: Ich will mir das gar sehr überlegen, weil ich da, wo ich von Gott empfangen würde, unter ihm oder unterhalb seiner wäre wie ein Diener oder Knecht, er selbst aber im Geben wie ein Herr wäre, - und so soll es mit uns nicht stehen im ewigen Leben."[8]

~

F: Eckhart wollte sich nichts wünschen, um sich nicht als Almosenempfänger zu fühlen?

A: Bedürfnislosigkeit ist die natürliche Realität. Erfüllung, Ganzheit, Frieden ist die natürliche Realität. Das, was scheinbar passiert, ist bereits bedürfnislos es selbst. Es braucht weder die Abwesenheit von Bedürfnissen noch braucht es deren Erfüllung.

F: Bedürfnislosigkeit, Genügsamkeit, Entsagung, das Ideal der Mönche. Eckhart hat es erreicht?

A: Nein, da ist niemand, der diese natürliche Realität erreicht. Bedürfnisse sind das, was scheinbar geschieht.
Mich erwischt man nachts auf der Suche nach Essbarem am Kühlschrank. Bei Hunger und Müdigkeit

werde ich unleidlich, und die Zeit in meiner Gesellschaft ist keine angenehme.

Das Bedürfnis nach Harmonie und Schlaf ist genauso das, was scheinbar passiert, wie der Gang zur Toilette.

Doch die Hoffnung und die Sehnsucht, in der scheinbaren Bedürfniserfüllung auch reale persönliche Erfüllung zu finden, entpuppen sich als illusionär.

F: Aber Erleuchtung oder Erwachen ist ja eine Art Erfüllung.

A: Nein, es ist nicht so, dass die Sehnsucht im Ende der Ich-Illusion erfüllt wird oder dass es eine Erfahrung dieser Erfüllung gibt. Hoffnung auf und Sehnsucht nach persönlicher Erfüllung scheinen einfach nicht mehr zu geschehen.

Die Suche nach persönlicher Erfüllung erledigt sich in dem Moment, in dem sich das scheinbare Ich als illusionär entpuppt.

F: Das ist ja auch schon was!

A: Scheinbar! Die Erfahrung, getrennt zu sein vom Leben, von der Freiheit und der Ganzheit getrennt zu sein – diese Erfahrung erlischt. Die gefühlte Notwendigkeit, sich vom Leben etwas erbeten zu müssen, löst sich auf zusammen mit der Illusion, dass da überhaupt jemand ist. Einfach so.

Es gibt keine Trennung heißt: mit der natürlichen Realität ebenbürtig zu sein. Es gibt keine Trennung heißt, dass niemand existiert, der etwas verloren hat.

Es gibt keine Trennung heißt, dass niemand da ist, der Gott ansprechen kann. Nach Meister Eckhart: *weder Diener noch Herr*. Es gibt keine Hierarchie.

F: Einverstanden, ich bin dabei!

A: Weder du noch ich noch irgendwer.

Nicht-Wissen

*„Gott ist weder Sein noch vernünftiges Sein noch erkennt
er dies oder das. Darum ist Gott ledig aller Dinge - und
(eben) darum ist er alle Dinge. Wer nun arm im Geiste sein
soll, der muß arm sein an allem eigenen Wissen, so daß er
von sich nichts wisse, weder von Gott noch von der Kreatur
noch von sich selbst."*[9]

~

*F: Leere ist Form und Form ist Leere, heißt es im Herz-
Sutra, das Buddha zugeschrieben wird. Verstehen tut das
allerdings niemand.*

A: Was passiert, ist real und irreal. Es ist ledig aller
Dinge und ist doch alles.

F: Soll irgendjemand das verstehen?

A: Nein. Das zu verstehen ist weder nötig noch
möglich. Es beschreibt die natürliche Realität. Sie kann
weder gewusst noch erfahren werden. Da ist niemand,
der das könnte.

F: Was soll die Aussage?

A: Sie soll nichts. Sie kommt nirgendwo her. Es ist

direktes Mitteilen.

F: Direkt, im Zweifelsfall von dem, was Gott genannt wird?

A: Es gibt keine übergeordnete Realität, die „Gott" wäre. „Gott" ist das, was scheinbar passiert. Ich spreche manchmal von 'Einheit', aber auch das gibt es nicht wirklich. Es gibt überhaupt keine Aussage über die Realität. Schon die Annahme, dass es eine bestimmte Art von Realität gibt, kommt aus einem Wissen. „Leere ist Form und Form ist Leere" weiß nicht um sich selbst. Das, was scheinbar passiert, weiß nicht um sich selbst. Es weiß weder, was es ist noch wie es ist noch ob es ist. Es ist einfach. Scheinbar.

F: Niemand weiß was...

A: Nein. Das, was scheinbar passiert, ist alles. Es gibt weder etwas dahinter, darüber oder darunter. Es ist auch nichts darin oder sonst irgendwo. Gleichwohl ist es nicht-etwas.

F: Immerhin...

A: „Nicht-etwas" heißt „Leere ist Form". Und das heißt, dass Gott ledig aller Dinge ist und gleichzeitig ist er alle Dinge.

F: Spirituelle Lehrer raten ja gelegentlich dazu, das Wissen beiseite zu lassen und aufs Denken zu verzichten.

A: Das ist hier nicht gemeint. Viele spirituelle Lehrer glauben, die persönliche Geschichte mache das *illusionäre Ich* aus. Dagegen sehen sie das reine Gewahrsein als das *wahre Ich* an. Aus so einer Perspektive macht es Sinn, dass man nicht denken soll. Allerdings ist das schon innerhalb von Wissen. Gerade die Gewahrseins-Erfahrung weiß ja um ihre eigene Existenz. Zumindest glaubt sie das. Doch genau dieses Wissen ist illusionär. „Ich bin mir meiner selbst gewahr" ist die Illusion. „Ich erfahre mich selbst" ist der Traum.

Deshalb schreibt Meister Eckhart, dass man weder von sich noch von Gott wissen soll. Jegliches Wissen ist illusionär, weil jegliches Erfahren illusionär ist. Gott, bzw. das, was scheinbar passiert, erfährt sich nicht. Es ist zwar es selbst, weiß aber nichts von sich.

All die Ideen davon, dass man sein wahres Selbst finden und kennen könnte, dass man Gott sehen oder gar erfahren könnte, sind Teil des Traumes. Auch die Idee, dass man sich als göttliches Gewahrsein kennen und erfahren kann, ist Illusion. Weder gibt es ein Ich noch einen Gott noch irgendeine Art von Wissen.

F: Mal nichts erfahren zu müssen, stelle ich mir ganz erholsam vor.

A: Wie das ist, ist unvorstellbar. 'Ich bin' heißt 'zu erfahren'. Das Ende der getrennten Realität ist das Ende der Illusion von Erfahrung. Es gibt darin kein Wissen oder Kennen. Aber da schon jetzt niemand da ist, wird schon jetzt nichts wirklich gewusst.

F: Wenn du es sagst. Ich empfinde es anders.

A: Dieses 'Ich', das glaubt sich und die Welt zu kennen, hat keine Substanz. Diese gesamte Anwesenheits-Welt existiert nicht. Das 'Ich' ist bereits substanzlos. Es ist niemand da.

Dieses Etwas

„Alles, was je aus Gott kam, das ist gestellt auf ein lauteres Wirken. Das dem Menschen zubestimmte Wirken aber ist: Lieben und Erkennen. Nun ist es eine Streitfrage, worin die Seligkeit vorzüglich liege. Etliche Meister haben gesagt, sie liege in der Liebe, andere sagen, sie liege in der Erkenntnis und in der Liebe, und die treffen's (schon) besser. Wir sagen aber, daß sie weder in der Erkenntnis noch in der Liebe liege; es gibt vielmehr ein Etwas in der Seele, aus dem Erkenntnis und Liebe ausfließen; es selbst erkennt und liebt nicht, wie's die Kräfte der Seele tun. Wer dieses (Etwas) kennen lernt, der erkennt, worin die Seligkeit liegt. Es hat weder Vor noch Nach, und es wartet auf nichts Hinzukommendes, denn es kann weder gewinnen noch verlieren. Deshalb ist es auch des Wissens darum, dass Gott in ihm wirke, beraubt; es ist vielmehr selbst dasselbe, das sich genießt in der Weise, wie Gott es tut."[10]

~

F: In der hinduistischen Spiritualität gibt es zwei Wege zur Befreiung: Liebe und Hingabe auf der einen Seite, der Erkenntnisweg auf der anderen Seite.

A: Ja, das stimmt, der Bhakti-Weg ist der Weg der Hingabe, der Jnani-Weg ist der Weg der Erkenntnis. Manchmal werden auch beide verbunden.

F: Empfiehlst du das?

A: Nein, es gibt keinen Weg. Es ist die scheinbare Person, die sich auf einem Weg wähnt. Beide Herangehensweisen sind Teil des Traumes. Die Annahme, man müsse einen Weg zurück zu Gott beschreiten, kommt aus dem getrennten Erleben. Beide Methoden spielen damit, dass sie Erfahrungen hervorbringen, die sich gut anfühlen.

In der Hingabe-Praxis gibt es eindrucksvolle Liebes- und Einheits-Erfahrungen. Sie vermitteln dem Sucher den Eindruck, auf dem richtigen Weg zu sein. Zur Idee von Befreiung gehört ja die Vorstellung, es müsse sich um die absolute positive Erfahrung handeln.

Das Gleiche passiert auf dem scheinbaren Erkenntnis-Weg. Jede scheinbare Erkenntnis wird begleitet vom Gefühl, etwas erreicht zu haben. Das verstärkt den Eindruck, auf dem Weg voranzukommen.

All das ist Teil des Traumes. Im Entpuppen der Illusion als Illusion verpufft das Erleben, getrennt zu sein, und automatisch auch die Idee, dass es eines Weges und einer Herangehensweise bedarf. Das, was ist, kann nicht gewusst werden, weil es nicht-etwas ist. Das, was ist, kann nicht geliebt werden, weil es Liebe ist. Hingabe und Erkenntnis verschmelzen zur natürlichen Realität, die Liebe und Selbstverständlichkeit ist. Die natürliche Realität ist genau das, was scheinbar passiert.

F: Und das, was scheinbar passiert, ist vollkommen?

A: Ja, das ist es. Es wartet auf nichts, und es benötigt nichts. Insofern ist es natürlicherweise vollkommen. Es kommt gar nicht erst auf die Idee, es könnte etwas fehlen. Deshalb kann es nichts suchen. Das, was ist, ist blind und selig es selbst. Es kann keine Realisation davon geben, denn es ist bereits so.

F: Es hört sich aber sehr verheißungsvoll an, wenn Meister Eckhart schreibt, dass aus dem Etwas „Erkenntnis und Liebe ausfließen". Da gibt es offenbar doch etwas zu erleben?

A: Ich weiß nicht, was er gemeint hat. Aber es könnte eine Beschreibung dafür sein, was in diesen Talks geschieht: Worauf hingewiesen wird, ist die natürliche Realität. Scheinbar wird hier Erkenntnis mitgeteilt und auch Liebe erfahren. Gleichzeitig aber kennt es sich nicht und erfährt sich auch nicht als Liebe.
In (scheinbarer) Befreiung scheint sich die Energie umzukehren: Während die Sucher-Energie ständig etwas benötigt und alles verschlingen oder besitzen möchte - Liebe und Erkenntnis zum Beispiel -, scheint diese energetische Dynamik in Befreiung aufzuhören. Die Energie beginnt sogar wegzufließen. Das könnte damit gemeint sein, wenn er sagt, dass *„Erkenntnis und Liebe ausfließen"*, aber *„es selbst erkennt und liebt nicht"*. Da nichts mehr getrennt ist, bleibt nur die natürliche Realität.

F: Er schreibt: Wer das kennen lernt, erkennt, worin die Seligkeit liegt.

A: Niemand kann und wird diese Seligkeit kennen lernen. Es gibt keinen Weg zu ihr und keine Person, die in dieser Seligkeit ankommt. Gleichwohl ist die natürliche Realität die, in der die Erfahrung von Liebe und die Erfahrung von Erkenntnis zusammenfallen. Es ist das Ende der Illusion, dass es einen Erfahrenden, bzw. eine Erfahrende gibt.

F: Es gibt keinen Erfahrenden, keine Erfahrende… gibt es wenigstens Erfahrung?

A: Ich würde das so nicht sagen. Für mich gehören der Prozess des Erfahrens und etwas, das erfährt zusammen. Auch wenn die Person entschlossen ist, Erfahrung als etwas Unpersönliches zu betrachten, bleibt es doch erlebte Realität; etwas, das tatsächlich zu passieren scheint. Aus der Sicht der scheinbaren Person macht das Sinn, denn das Erfahren ist ja ihre Realität. Die Erfahrung wird scheinbar gekannt und erlebt.

F: Aber in Wirklichkeit gibt es keine Erfahrung?

A: Es gibt keine Erfahrung.

F: Aber es gibt Gedanken und Gefühle? Oder etwa auch nicht?

A: Scheinbar gibt es die. Scheinbar „erfährt" der Körper Gedanken und Gefühle. Der Körper erfährt sie nicht wirklich, er lebt einfach. Dabei denkt er, fühlt er, sieht, hört, riecht, geht und steht, aber er macht keine Erfahrung davon von einem getrennten Standpunkt aus. Das meine ich damit, wenn ich sage, dass es keine Erfahrung gibt.

F: Ich erlebe mich aber als Erfahrungen machend!

A: Sich als erfahrend zu erleben ist illusionär.

F: Weil es mich selbst schon nicht gibt, und sonst auch niemanden?

A: Ja, genau. Es gibt nichts, das erfährt.

F: Dann gibt es wohl auch nichts, was erfahren werden könnte...

A: Ja, es gibt keine kennbare oder erfahrbare Realität.

F: Dann hat es wohl auch nie einen Meister Eckhart gegeben...

A: Und trotzdem, oder gerade deshalb, wurde er angeklagt...

Über Meister Eckhart

Meister Eckhart (auch Eckehart, Eckhart von Hochheim; * um 1260 in Hochheim oder in Tambach; † vor dem 30. April 1328 in Avignon) war ein einflussreicher thüringischer Theologe und Philosoph des Spätmittelalters.

Aufsehen erregten seine unkonventionellen, teils provozierend formulierten Aussagen und sein schroffer Widerspruch zu damals verbreiteten Überzeugungen. Nach langjähriger Tätigkeit im Dienst des Ordens wurde Eckhart erst in seinen letzten Lebensjahren wegen Häresie (Irrlehre, Abweichung von der Rechtgläubigkeit) denunziert und angeklagt. Eckhart starb vor dem Abschluss des gegen ihn eingeleiteten Verfahrens. Da er sich von vornherein dem Urteil des Papstes unterworfen hatte, entging er als Person einer Einstufung als Häretiker, doch Papst Johannes XXII verurteilte einige seiner Aussagen als Irrlehren und verbot die Verbreitung der Werke, die diese enthielten. Dennoch hatte Eckharts Gedankengut beträchtlichen Einfluss auf die spätmittelalterliche Spiritualität im deutschen und niederländischen Raum.[11]

Zitate/Quellen:

1   Quint, Josef [Hrsg]: Meister Eckehart, *Deutsche Predigten und Traktate.* Diogenes, 1979, Zürich, [Erstausgabe München 1963]. S. 309.
2   Ebd. S. 451.
3   Ebd. S. 352.
4   Internet/https://www.aphorismen.de/suche?f_autor=2590_Meister+Eckhart&seite=7, zuletzt überprüft am 1.5.2021.
5   Internet/https://www.aphorismen.de/suche?f_autor=2590_Meister+Eckhart&seite=11, zuletzt überprüft am 1.5.2021.
6   Quint, Josef [Hrsg]: Meister Eckehart, 1979. S. 365.
7   Ebd. S. 450.
8   Ebd. S. 451.
9   Ebd. S. 306.
10 Ebd. S. 306
11 Internet/https://de.wikipedia.org/wiki/Meister_Eckhart, zuletzt überprüft am 1.5.2021.

Über Andreas Müller

Andreas wurde 1979 in Ludwigsburg geboren. Nach einigen Jahren spiritueller Suche begegnete er 2009 Tony Parsons. „Zuerst war ich schockiert. Obwohl ich bereits viel wusste und viel erlebt hatte, war das etwas Neues und Unerwartetes. Plötzlich hörte ich, ohne Grund, was Tony sagte. Bald war es unbestreitbar: Da ist niemand."

Seit 2011 hält Andreas Talks und Intensives auf der ganzen Welt.

www.thetimelesswonder.com

Danksagungen

Meister Eckhart

Nadine Reichmann

Dietmar Bittrich

Tony & Claire Parsons

Meine Familie